A PROPOS D'UNE INSCRIPTION

ÉTUDE SUR LA VILLE DE MAYENNE

AU XVIIe SIÈCLE

Par J. RAULIN, Avocat

Membre correspondant de la Commission Historique et Archéologique
de la Mayenne.

LAVAL

IMPRIMERIE DE L. MOREAU

1889

ÉTUDE SUR LA VILLE DE MAYENNE

AU XVIIe SIÈCLE

Tiré à 60 exemplaires

A PROPOS D'UNE INSCRIPTION

ÉTUDE SUR LA VILLE DE MAYENNE

AU XVIIe SIÈCLE

PAR J. RAULIN, Avocat

Membre correspondant de la Commission Historique et Archéologique
de la Mayenne.

LAVAL

IMPRIMERIE DE L. MOREAU

1889

ÉTUDE SUR LA VILLE DE MAYENNE

AU XVIIe SIÈCLE

L'année dernière, en visitant le clocher de son église, M. l'abbé Patry, curé de Notre-Dame, remarqua une inscription gravée sur la face antérieure d'une pièce de charpente et portant la date de 1683. Il s'empressa de la relever et de nous en donner communication. Elle est ainsi conçue :

« *Ce clocher et dosmes ont estes faits aux despens de la Ville par l'ordre et soins de M. Maistre Jean Viel sieur de Torbéchet juge général civil et ordinaire au Duché pairy de Mayenne et Maire perpétuel de Ville et de MM. les Esgevins et Procureurs sindicts l'an 1683.* »

La découverte de cette inscription, qui indique d'une manière précise l'époque à laquelle fut relevé le clocher de Notre-Dame, nous amena à rechercher, dans les archives de la paroisse et de la ville, les documents ayant trait à la reconstruction dont il s'agit. Le résultat de ces recherches est de nature — croyons-nous — à fixer un instant l'attention de la Commission historique et archéologique.

ÉTUDE SUR LA VILLE DE MAYENNE

AU XVIIᵉ SIÈCLE

L'année dernière, en visitant le clocher de son église, M. l'abbé Patry, curé de Notre-Dame, remarqua une inscription gravée sur la face antérieure d'une pièce de charpente et portant la date de 1683. Il s'empressa de la relever et de nous en donner communication. Elle est ainsi conçue :

« Ce clocher et dosmes ont estes faits aux despens de la Ville par l'ordre et soins de M. Maistre Jean Viel sieur de Torbéchet juge général civil et ordinaire au Duché pairy de Mayenne et Maire perpétuel de Ville et de MM. les Esgevins et Procureurs sindicts l'an 1683. »

La découverte de cette inscription, qui indique d'une manière précise l'époque à laquelle fut relevé le clocher de Notre-Dame, nous amena à rechercher, dans les archives de la paroisse et de la ville, les documents ayant trait à la reconstruction dont il s'agit. Le résultat de ces recherches est de nature — croyons-nous — à fixer un instant l'attention de la Commission historique et archéologique.

Pour avoir une idée, aussi exacte que possible, de ce qu'était l'église de Mayenne à la fin du XVIIe siècle, il suffira de se reporter à une vue ci-jointe de la ville que le *Bulletin* de la Commission [1] a si heureusement reproduite d'après une estampe de la Bibliothèque Nationale, grâce à l'habileté bien connue de M. l'abbé A. Ledru [2]. Notons toutefois en passant une erreur dans la légende du dessin original, où l'église Notre-Dame est désignée sous le nom de Saint-Laurent, paroisse.

Il nous a paru intéressant de donner une vue de la même église, restaurée par les soins de M. le curé Tison qui commença, en 1869, la construction du nouveau chœur et de l'abside monumentale. Le dessin [3] joint à notre *Etude*, rapproché du précédent, permettra de faire d'utiles comparaisons entre les deux époques.

On connaît les Lettres patentes du mois de mars 1656 [4], portant établissement par le roi Louis XIV d'un Hôtel-de-Ville à Mayenne, sur la demande de « Notre très cher et bien amé cousin le Cardinal Ma- « zarini, ayant acquis le Duché de Mayenne la Juhel, « qui est l'un des anciens Duchez et pairies de France. » A cet effet, il fut créé un maire, quatre échevins, un procureur syndic des habitants, un receveur des deniers communs, un greffier et quatre archers de ville.

Le premier maire de Mayenne, nommé par Mazarin

1. 3e livraison de 1889 : *Le Château de Mayenne au XVe siècle,* par le comte de Beauchêne.

2. Nous adressons tous nos remercîments à M. l'abbé Ledru et à M. le Cte de Beauchêne, qui nous ont permis de donner ici, à notre tour, cette intéressante reproduction.

3. Dessin à la plume de M. Jules Raulin fils.

4. Une pièce parchemin de 4 folios, avec deux sceaux en cire verte pendants sur queues de soie rouge et verte : l'un en tête, aux armes de France ; l'autre au bas de l'acte représentant, au droit, le roi assis sur son trône, avec couronne, sceptre et main de justice, deux anges à ses côtés, et à l'avers les armes de France sommées de la couronne royale, l'écu soutenu par deux anges. *(Inventaire manuscrit des archives communales.)*

Ville et château de Mayenne
d'après un dessin conservé à
la Bibliothèque nationale.
Estampes.
Nouveau chasteau.
Vieux chasteau.
Religieuses du Calvaire.
l Hostel de ville.
St Laurent paroisse
Les Capucins
l'Hostel Dieu
La Rivière de Mayenne

en vertu de ces lettres patentes, fut René Le Bourdays sieur de Fresnay, juge général criminel au Duché.

Il fit dresser et arrêter, le 16 janvier 1659, par les officiers et le greffier de l'Hôtel-de-Ville, un inventaire des titres et papiers concernant la fabrique de l'église Notre-Dame, représentée par noble René Le Faucheux, sieur de Chastenay, conseiller du Roy, élu en l'élection et ci-devant procureur de la fabrique. Cet inventaire fut « fait au bureau de l'hostel commun de ladicte « ville par nous venerable et discret presbtre Jacques « du Bois Mottay sieur curé de ladicte ville, Rene Le « Bourdays sieur de Fresnay juge general criminel au « Duché et Maire de ladicte ville [1], noble Jean Gastin « sieur des Provostieres advocat general audict Duché, « noble Rene de Basogers sieur de Grazay conseiller « du Roy controlleur au grenier dudict Mayenne pro- « cureur moderne de ladicte fabrice, pour *estre lesdicts* « *Tiltres papiers mins au depost de laditte fabrice en* « *leglise dudict Mayenne soubz les clefs* dudict depost « dont lune demeurera entre les mains dudict sieur « curé, laultre au bureau de la ville et laultre au pro- « cureur de ladicte fabrice. » Lors du récolement qui eut lieu quelques années plus tard, au mois de décembre 1671, le même Jean Gastin proteste « en la qualité « d'eschevin de se pourvoir pour faire ordonner quil « sera mis auxd. armoires une troisiesme serrure « dont la clef sera deposée au bureau de lhostel de ville « ainsy qu'il est porté par led. inventaire de M VIᶜ « cinquante et neuf [2], en conséquence de l'ordre verbal « de Monseigneur Colbert. » Chose digne de remarque, de voir remonter à cette époque l'origine des prescrip-

---

1. Après être resté longtemps curé de Mayenne, Jacques du Bois-Motté, licencié en droit, fut nommé chanoine et archidiacre de Passay. En 1681, il était vicaire général de Monseigneur Louis de La Vergne Montenard de Tressan, évêque du Mans.

2. 1659.

tions contenues dans le décret du 30 décembre 1809, art. 50, concernant les fabriques !

René Le Bourdays posséda pendant deux ans la charge de maire ; après quoi, le cardinal Mazarin la rendit perpétuelle en faveur d'André Pierre d'Andigné, chevalier, seigneur des Ecottais, conseiller d'état, qui fut en même temps juge civil de Mayenne. Dans le registre aux armes du cardinal, jadis déposé au trésor du duché, sont des provisions à M. d'Andigné (1659) de l'état et office de juge et maire perpétuel de la ville et faubourg de Mayenne.

Mais celui-ci ayant fait démission de sa charge, Jean Viel, sieur de Torbéchet, reçut en 1662 des lettres de provision de juge civil et ordinaire au duché-pairie de Mayenne et de maire perpétuel héréditaire de la ville ; il en jouit jusqu'en 1717. Pendant cette longue administration, d'importants travaux furent exécutés. En l'année 1670, — dit Guyard de la Fosse [1] — les maire et échevins firent faire les fontaines du faubourg de Saint-Martin. En 1683, la fontaine octogone et la pyramide triangulaire qui est au milieu, dans la place du Palais [2], et le clocher de l'église de Notre-Dame. En 1688, ils augmentèrent cette église de deux chapelles, du côté du parvis ; et en 1690, ils embellirent le palais d'un dôme et d'une horloge. Toutes ces dépenses furent faites des deniers communs de l'Hôtel-de-Ville.

L'emploi de ces deniers était déterminé par délibérations de la communauté, ou (comme l'on disait alors) du général des habitants de la ville de Mayenne. On consignait les délibérations des assemblées de l'Hôtel-de-Ville sur des registres à ce destinés, suivant l'usage qui a été conservé pour les conseils municipaux.

Les archives communales de Mayenne possèdent

---

1. *Histoire des Seigneurs de Mayenne.*
2. Actuellement, place de l'Hôtel-de-Ville.

encore ces volumes in-folio, dont quelques-uns sont reliés aux armes de Mazarin ou de la Ville, et qui contiennent les délibérations depuis l'année 1656 jusqu'en 1792. Malheureusement, il y a une lacune, de 1673 à 1680. Sur le registre des délibérations « *du général des habitants*, » commencé le 21 mai 1680 et coté *troisième registre*, se trouve en tête du volume une attestation de Nicolas Guimond, greffier, que M. Tanquerel, procureur ducal [1], a entre les mains le registre qui précède celui-ci, où est inscrit ce qu'il y a de plus remarquable concernant la ville, qui lui a été remis par M. Guyard de la Fosse, prêtre, auquel il avait été confié pour travailler aux antiquités du Bas-Maine.

Ce deuxième registre qui manque contenait précisément les délibérations ayant pour objet la construction de la tour de l'église ou clocher de Notre-Dame. En compulsant les archives de la fabrique, nous avons eu la bonne fortune de retrouver trois extraits de délibérations de l'Hôtel-de-Ville, qui viennent combler en partie cette regrettable lacune. Voici le texte de ces délibérations :

« Tour de leglise ou clocher.

« Du 2ᵉ Registre cotte AA de lhotel de ville.

Délibᵒⁿ du 17 9ᵇʳᵉ 1674 [2], 1ʳᵉ délibᵒⁿ du registre

« A été extrait ce qui suit :

« ..... et dautant que la charpente a la quelle *tiennent* les cloches de leglise paroissiale de Notre-Dame de cette ville de Mayenne sont *attachées (sic)* est ruinée, la quelle venant a manquer, sa chutte et celle du clocher [3]

---

1. En 1728. (Cf. *Inventaire ms. des archives*).

2. Les échevins en fonctions à cette époque étaient Rivière, Barbeu, Gastin et Martin, nommés le 24 octobre 1674.

3. Le 3 juillet 1611, une tempête violente avait déjà renversé le clocher de l'église Notre-Dame et un grand nombre d'autres édifices. (Cf. G. de la Fosse.)

accableront la voute du *cœur* ainsy quil est justifié par
le raport des experts quil est notoire a tous ceux qui ont
vu la charpente, a été arrêté que les cordes des deux
grosses cloches seront otees incessament a la diligence
du procureur fabricier, quil sera fait un fond pour
construire une tour au bas de leglise[1] sur les fondements
faits anciennement a cette fin, pourquoy seront le compte
de la fabrice ou frais reel de lad. eglise incessament
rendus à la diligence du procureur moderne pour ce qui
se trouvera du dub être employé a la construction de
lad. tour et le surplus pris sur les deniers communs
pendant les trois ou quarts prémieres années prochai-
nes, dans lequel temps led. ouvrage sera par achevé et
commencé avant la construction dud. bassin[2].»

« Du jeudy 22 avril 1677[3], a été extrait ce qui suit :
« La construction d'une tour étant nécessaire pour y
placer les cloches de l'église paroissialle de Mayenne
par le péril qu'il y a que si on les laissoit dans le lieu
où elles sont, les voutes de leglise viendroient a tomber,
pourquoy même on a cessé de plus de un an de faire
sonner les deux grosses cloches, il sera pris sur les
deniers publics, jusqu'à la concurrence de la somme de
six mille livres, à scavoir une somme de quinze cent
livres par chaq'un an à commencer des année présente
et si par la cloture des comptes de la maison de ville
il se trouve quelque argent de reste des années précé-
dentes, il sera pris une somme de mil livres sur le reli-
quat desd. comptes, sans diminution de lad. somme de
quinze cent livres annuellement et en deduction nean-
moins de lad. somme de six mille livres et l'assemblée a

---

1. Ce projet de tour *au bas de l'église* fut ensuite abandonné.
2. Il s'agit vraisemblablement de la fontaine octogone, qui
existe encore sur la place de l'Hôtel-de-Ville.
3. Echevins : Lefebvre d'Argencé et Barbeu de la Couperie ;
Biffault, procureur-syndic (Nomination du 3 octobre 1676.)

nommé mesd. s^rs le curé de Mayenne [1], Blanchet, Laurençon et Jean Martin pour examiner le devis de la construction de lad. tour, présenté par Urbain Gastin bourgeois et traiter avec luy sans pouvoir excéder lad. somme de six mille livres et a la charge que l'adjudication en sera faite à la maison de ville après les publications en la maniere ordinaire, affin que cette depense puisse passer a la chambre des comptes et pour cet effet seront joints, a l'adjudication qui sera faite, les procès verbeaux de l'etat du lieu et voutes de l'eglise sur lesqu'elles les cloches sont suspendues et les deliberations a cet egard cy devant faites. »

« Du 12° jour de decembre 1679, a été extrait ce qui suit :

« Les echevins et p^r sindic [2] soussignés assemblés aud. hotel commun, nous étant fait représenter par le greffier ordinaire la déliberation faite en lassemblée generalle le jeudy 22 avril 1677, honorée de la présence de Mgr [3]..., officiers etc.... de la ville, signée le 29 dud. mois, avons en execution d'jcelle deliberation ordonné qu'il sera delivré par les receveur et fermier des deniers communs de cette ville la somme de cinq cent livres avalloir et a bon compte entre les mains de maître Jean Laurençon s^r de Feuillemorte y denommé, pour être jcelle sô° (somme) employée en achat de materiaux propres a la construction de la tour ou clocher qui doit être fait à l'eglise Notre-Dame de cette ville et paroisse laquelle d. sô° de cinq cent livres passera en compte

---

1. Jacques Duboys-Motté, curé de Notre-Dame. René Blanchet, sieur des Fresnes était procureur fabricier de lad. église.

2. Les échevins en exercice étaient Jacques Bouttier de la Bretillière, Simon Bougler, Adam Deschamps et Mathurin Leprimau de la Rue ; Julien Arnoult, procureur-syndic.

3. Armand-Charles de la Porte, duc de Mazarini, de Mayenne et la Meilleraye, pair de France, qui avait épousé Hortense Mancini, l'une des nièces de Mazarin.

aud. receveur et fermier rapportant quitt^{ce} dud. Laurençon Feuillemorte et non autrement avec les mémoires et pièces justificatives de l'employ d'jcelle avec autant de la présente et extrait de lad. deliber^{on}.

« Fait et arrêté aud. hôtel commun le jour et an que dessus, et à l'instant a été delivré autant de la délibération cy dessus de nous echevins et p^r sindic signée. »

Les extraits qui précèdent suffisent à montrer la sollicitude constante que, depuis l'année 1674, le maire et les officiers de l'Hôtel-de-Ville apportèrent à la réfection de la tour et du dôme de l'église Notre-Dame. Aux noms déjà cités il convient d'ajouter ceux des Billard de Lorière, Griffaton, du Boissel de Grazon, Treton de Fiégirard, Le Tourneux, et autres echevins qui exercèrent leurs fonctions à Mayenne, de 1680 à 1683. Collaborateurs dévoués du maire perpétuel de Ville, par leur gestion prudente et économe des deniers communs, ils aidèrent Me Jean Viel, sieur de Torbéchet, à mener à bonne fin ces importants travaux dont l'inscription de 1683 nous rappelle le souvenir.